DIREITO FUNDAMENTAL DO ACESSO À INTERNET

Yagho Prenzler

Publicações YP
2019

Copyright© 2019 Yagho Prenzler

Todos os direitos reservados. Nenhuma parte desta publicação poderá ser reproduzida, distribuída ou transmitida sob qualquer forma ou por qualquer meio, incluindo fotocópia, gravação ou outros métodos eletrônicos ou mecânicos, sem a prévia autorização por escrito do editor, exceto no caso de breves referências incorporadas em revisões críticas e outros usos não comerciais permitidos pela lei de direitos autorais.

Diagramação: Diogo Crotti
Capa: Diogo Crotti

Direito fundamental do acesso à internet. Yagho Prenzler. Londrina-Pr. Publicações YG.2019
52 p: 13x20 cm
ISBN: 9781086179255
Todos os direitos reservados ao Publicações YG.
1.Internet; 2.Direito; 3; Lei.

AGRADECIMENTOS

Agradeço a Deus pelas incontáveis oportunidades que tem me proporcionado. Agradeço aos meus familiares (Willian, Julia, Calleb e Argus) por todo apoio incondicional. Também agradeço os amigos/irmãos Rene Sampar, Diogo Crotti e Marcelo Dias pelo grande companheirismo acadêmico e profissional, amigos que levo por toda vida. E, por fim, a bela Marina Zedu Alliprandini por todo incentivo e apoio ao projeto.

SUMÁRIO

AGRADECIMENTOS. 3

PREFÁCIO. 7

INTRODUÇÃO 9

1 BREVE HISTÓRICO SOBRE À INTERNET. 11
1.1. Relevância da internet no cenário mundial contemporêno 13

2 O ACESSO A INTERNET COMO DIREITO FUNDAMENTAL .... .17

3 TRIBUTAÇÃO DOS PROVEDORES DE INTERNET. 29
3.1. O que é SCM? 32
3.2. O que é SVAZ? 31
3.3. Conceito de ICMS 32
3.4. Coceito de ISSQN (ISS). 33

4 BENEFÍCIO FISCAL PARA MELHOR EFETIVAÇÃO DO DIREITO FUNDAMENTAL. 41

5 CONSIDERAÇÕES FINAIS 45

REFERÊNCIAS. 49

SOBRE O AUTOR 51

PREFÁCIO

A atualidade deste livro é evidente no cenário mundial, tendo em vista a constante evolução tecnológica dos últimos anos, bem Como às prognosticadas para os próximos anos. No texto, fica evidente a peregrinação sob a ótica de garantia fundamental do tema, analisando as dimensões da teoria dos Direitos Fundamentais e, elucidando, o que são direitos fundamentais, com base sedimentada em doutrina, destarte, enquadrando de forma fundamentada o acesso à internet como direito fundamental. A internet é um fenômeno do século XX, advento que, ultrapassa barreiras geográficas e propicia, de forma assistencial, o desenvolvimento humano.

Yagho Prenzler

INTRODUÇÃO

Hodiernamente, o maior fenômeno dos últimos tempos foi o advento da internet, considerando seu impacto em diversas esferas da sociedade. O presente trabalho busca, especialmente, tratar sobre a tributação dos provedores de internet. Contudo, não se pode deixar de mencionar o histórico e importância deste advento, digamos que, contemporâneo.

Portanto, a pesquisa está dividida em duas subáreas do Direito, o Direito Constitucional e o Direito Tributário, levando em consideração a relevante fundamentação que a parte constitucional do texto traz para a esfera e, até mesmo, para a tese tributária.

Posto isto, inicialmente, será feita uma breve análise da historicidade da Internet e seus impactos na vida contemporânea, bem como os benefícios trazidos para a sociedade. Ainda será analisada, a abrangência de dispositivo constitucional para dar amparo à afirmação que leva o título deste trabalho, sendo fundamentada na carta da ONU e importantes doutrinadores constitucionalistas.

Na sequência, teremos o designo fundamental do trabalho, a tributação dos provedores de internet. Elucidando, algumas formas de tributação e trazendo polêmicas sobre aplicabilidade de recolhimento de alguns tributos.

Ressaltam-se, especialmente, sugestões de caminhos para a eficácia deste direito fundamental, como benefícios fiscais para provedores, tendo em vista uma maior acessibilidade a Rede.

A realização do estudo visa à leitura de diversas doutrinas e decisões judiciais para sustentar a discussão em relação às polêmicas tributações dos provedores, bem como a legitimidade do acesso à internet como Direito Fundamental.

Diante disto, o método que se pretende utilizar para elaboração do presente trabalho é identificado como indutivo, a partir de pesquisa bibliográfica e jurisprudencial, que tem por finalidade a pesquisa de textos atinentes ao assunto proposto.

Além disso, as pesquisas realizadas auxiliarão na fundamentação para solucionar e, de alguma forma, responder as problemáticas levantadas no estudo, ao longo do trabalho.

1. BREVE HISTÓRICO SOBRE A INTERNET

A Internet tem início em cenário de guerra, o mal que assolava a sociedade era a Guerra Fria, nos anos de 1945 a 1991, onde duas potências mundiais, Estados Unidos da América e União das Repúblicas Socialistas Soviéticas, disputavam poderes e hegemonias. Diante deste cenário, os EUA criaram um sistema de compartilhamento de informações, tendo em vista a maximização do tempo, bem como a facilidade de organizar estratégias de guerra.

O ápice, deste momento, foi o êxito na concretização fática da Rede, apresenta-se o "ARPANET" *(Advanced Research Projects Agency Network)*. Sendo assim, no dia 29 de outubro de 1969, foi estabelecida a primeira conexão entre a Universidade da Califórnia e o Instituto de Pesquisa de Stanford, tendo neste dia, o primeiro e-mail já enviado na história da humanidade.

A função primordial da ARPANET era interligar laboratórios de pesquisa do Departamento de Defesa norte-americano, garantia a conexão entre militares e cientistas, mesmo que houvesse bombardeios.

A partir de 1982, a ARPANET voltou-se para academia, antes disto, era de uso restrito dos EUA, expandiu-se e, com isto, países como Holanda, Dinamarca e Suécia começaram a usufruir deste sistema, a partir deste fato, começou-se a utilizar o nome "Internet".

No ano de 1987 foi liberado o uso comercial da Internet nos EUA, lembrando que, antes, o uso era restrito para os meios acadêmicos e científicos. Com este avanço acelerado, a Internet caminhava a passos largos para se tornar um fenômeno incontrolável e de fato, se tornou, em 1992, começaram a surgir diversas empresas provedoras de acesso à internet nos Estados Unidos.

O britânico Tim Bernes-Lee, cientista e físico, desenvolveu o primeiro browser, a World Wide Web (www), fixando assim em meados dos anos 1990, a Rede Mundial de Computadores pela Internet. Com mais este avanço diversas informações começaram a ser acessadas por vários indivíduos, em locais diferentes da esfera global. Em um passe de mágica a informação estava disponível ao indivíduo, não como hoje é, porém, de alguma forma estava.

Desde então a difusão de informações na Rede foi enorme, tornando-se um dos maiores fenômenos do século XX.

A liberação comercial da internet no Brasil se deu no ano de 1995, contudo as Universidades Federais do Rio Grande do Sul e do Rio de Janeiro já utilizam dela desde 1989. O Intuito das Federais que, encabeçaram, no Brasil, a RNP – Rede Nacional de Ensino e Pesquisa era difundir, de forma massificada, a tecnologia da internet por todo território nacional, tendo em vista a facilitação da troca de informações e pesquisas. Em 1997, criaram-se as "redes locais de conexão", expandindo o acesso a todo território nacional.

Em 2011, conforme os dados do Ministério da Ciência e Tecnologia, aproximadamente 80% da população tem acesso à Internet.

1.1. RELEVÂNCIA DA INTERNET NO CENÁRIO MUNDIAL CONTEMPORÂNEO

A internet, de forma célere, apresentou diversas formas de comunicação, grande exemplo disto são as redes sociais, como o *E-mail*, **Facebook**,

Instagram, *Linkedin*, *Skype* e etc, transformando nossas vidas totalmente em face das relações sociais. Quebra barreiras geográficas e, em poucos minutos, está conectado conversando com um colega há milhares de quilômetros de distância de você.

A internet se adequou e, muito, nos últimos anos, tornando-se cada vez mais acessível e interativa ao indivíduo. Até mesmo, indispensável para realização de algumas atividades e, por outras vezes, substituindo procedimentos lentos e burocráticos, trazendo celeridade a parte administrativa de qualquer setor.

Mecanismo vital nesta era da informação que vivemos, a internet traz benefícios, até mesmo, para a educação, promovendo pesquisas de forma ágil e facilitada, por meio de um computador ou qualquer dispositivo a ela interligado. Pode-se, de forma célere, acessar um e-book ou artigo de um doutrinador para extrair as dúvidas remanescentes de uma aula presencial. Caso, seja bem utilizada, fomenta a pesquisa e incentiva o ensino.

Por meio da internet, podemos, praticamente, realizar tudo o que necessitarmos e desejarmos, pois o leque de variações para atividades com a mesma é extenso. Portanto, nota-se que sua importância para a atualidade não é pequena, afinal de contas, além de divertimento, comunicação, fontes de pesquisas e estudos, ela exerce um importante papel no desenvolvimento econômico e social do país.

Ressalte-se, ainda, a importante atuação da internet, nos dias atuais, nos processos judiciais brasileiros, tendo em vista a informatização do processo, tornando-o processo eletrônico. É de suma importância que a Internet esteja em apto funcionamento para que a máquina do judiciário seja movimentada, tendo em vista a fomentação eletrônica dos processos, por exemplo, o "PROJUDI".

Enfim, a Internet, conquistou relevante papel social, acadêmico e econômico na sociedade contemporânea. Instigando a ideia de: "o que seria de nós sem a internet?".

Talvez seja um pensamento exagerado e extremista, mas após este advento facilitador, em variadas esferas, é pouco factível um dimensionamento de realização de tarefas e relacionamento humano sem este meio.

Yagho Prenzler

2. O ACESSO À INTERNET COMO DIREITO FUNDAMENTAL

Antes, de elucidar a ideia central deste capítulo, oportuno expor a Teoria Geral dos Direitos Fundamentais. Posto isto, seguimos, Direitos Fundamentais são garantias essências para o desenvolvimento da vida humana, são os direitos básicos garantidores da dignidade humana.

Os Direitos Fundamentais têm como característica a fundamentalidade, pois formam, concretamente, uma base axiológica, tendo em vista a importância e vigência de seus conceitos para a sociedade.

Frutos da História Humana, alguns versam características transcendentais, intrínsecas na própria existência humana, e outros, por sua vez, são afirmados constantemente na sociedade e vida contemporânea, acompanhando o desenvolvimento. Entretanto, não é pelo fato de se afirmaram cada vez mais na contemporaneidade que, são direitos disponíveis, dispensáveis, facultativos. Longe disso, já vimos e constatamos que os Direitos Fundamentais tem caráter axiológico e estão localizados na Constituição, são direitos primordiais, essenciais, básicos ao ser humano.

Vale ressaltar que, os direitos fundamentais possuem aplicabilidade imediata. Para isto, devem estar munidos de normatividade. Diante disto, o Prof. Dr. Walter Rothenburg explica:

> Consequência desta característica é a necessidade de previsão de mecanismos de garantias dos direitos fundamentais do que decorre: (i) que a própria Constituição deve, além de apontar os direitos, fornecer-lhes meio assecuratórios adequados; (ii) que também os meios assecuratórios devem ser dotados de aplicabilidade direta ou imediata; (iii) que os meios assecuratórios nunca podem, pretexto de regular o direito constitucional, restringi-lo; (iv) que, na ausência da previsão de meios específicos, podem-se utilizar os meios ordinariamente previstos (por exemplo, o procedimento judicial comum); (v) que os direitos fundamentais devem valer mesmo que não estejam acompanhados de garantias

jurisdicionais (não correlação necessária)" (ROTHENBURG, Walter; 2010, p. 178).

Tendo em vista a divergência terminológica de alguns doutrinadores, nesta seara seguimos, principalmente, o constitucionalista Prof. Dr. Zulmar Fachin. Partilhamos do entendimento que, existem diversas terminologias para nomear direitos fundamentais, e a citação de uma terminologia não elimina a outra e, vice-versa.

O Prof. Dr. Zulmar Fachin esclarece esta questão na obra *Curso de Direito Constitucional*.

> Existem diversas terminologias utilizadas para designar direitos fundamentais. As mais empregadas são: direitos naturais, direitos humanos, direitos do homem, direitos públicos subjetivos, direitos individuais, liberdades públicas, liberdades fundamentais, direitos da pessoa humana, direitos da personalidade, direitos fundamentais do homem e direitos humanos fundamentais. (FACHIN, Zulmar; 2015, p.231).

Deste modo, temos, de forma breve e sucinta, a definição, caracterização e importância dos Direitos Fundamentais.

Ressalta-se, ainda, a dimensionalidade dos direitos fundamentais, alguns doutrinadores denominam este fenômeno como geração, e classificam as gerações de direitos fundamentais. Entretanto, esta terminologia, pode passar, erroneamente, uma ideia de esgotamento de um direito, com a chegada de outra geração e ser algo que se sucede e inicia algo novo, um novo ciclo, quando não é isto que ocorre, as ditas "gerações" (dimensões) são montantes, um todo.

Portanto, acolhemos o lado doutrinário que denomina esta gama de direitos, como dimensão, salienta-se, denomina e caracteriza em 06 (seis) dimensões de Direitos Fundamentais.

O Prof. Zulmar Fachin esclarece esta situação em sua obra *Curso de Direito Constitucional:*

> A terminologia pode conduzir a equívocos na interpretação e concretização dos direitos fundamentais. Tem sido corrente o uso do vocábulo *geração* para expressar as épocas – nem sempre distintas – em que eles surgiram. O uso desse vocábulo pode conduzir à ideia de que há sucessões entre as diferentes gerações de direitos fundamentais, de modo que a primeira se extinguiria com o advento da segunda, que desapareceria com a chegada da terceira e assim sucessivamente. Mas assim não ocorre. A chegada de novos direitos não tem o condão de suceder (substituir) aqueles previamente existentes, fazendo-os desaparecer. A regra do direito das sucessões, em que uma pessoa sucede em

direitos e deveres a outra, quando esta faleceu, não se aplica nessa hipótese, porque não há morte de direitos. Não se pode estabelecer analogia entre a situação das pessoas e a dos direitos. (FACHIN, Zulmar; 2015, p 222-223).

Enfim, as dimensões de direitos fundamentais, são somatórias de direitos basilares para dignidade da pessoa humana. Estes se somam e, com a chegada de uma nova dimensão de direitos, não se excluem.

De modo que estas dimensões são classificadas em 06 dimensões, vamos caracterizá-las; a primeira dimensão versa sobre os direitos ligados ao princípio da liberdade, são direitos civis e políticos.

Conceitua Paulo Bonavides:

> Os direitos da primeira geração ou direitos da liberdade têm por titular o indivíduo, são oponíveis ao Estado, traduzem-se como faculdades ou atributos da pessoa e ostentam uma subjetividade que é seu traço mais característico; enfim, são direitos de resistência ou de oposição perante o Estado (...). São por igual direitos que valorizam primeiro o homem-singular, o homem das liberdades abstratas, o homem da sociedade mecanicista que compõe a chamada sociedade civil, da linguagem jurídica mais usual. (BONAVIDES, Paulo; 2007, p.563-564).

Já os direitos fundamentais de segunda dimensão, estão interligados a igualdade. São direitos econômicos, sociais e culturais, fruto de árduas batalhas ao redor do mundo, em face dos interesses da burguesia. Estes direitos exigem que o Estado tenha uma atuação direta em prol destes direitos.

Conceitua Paulo Bonavides:

> Nasceram abraçados ao princípio da igualdade, do qual não podem separar, pois fazê-lo equivaleria a desmembrá-los da razão de ser que os ampara e estima. (BONAVIDES, Paulo; 2007, p.564).

Agora, os direitos fundamentais de terceira dimensão, estão vinculados à fraternidade, trata-se do direito ao desenvolvimento, à comunicação, ao ambiente ecologicamente equilibrado, patrimônio comum.

Os direitos fundamentais de quarta dimensão abarcam a informação, a Democracia e o pluralismo.

Os direitos fundamentais de quinta dimensão têm fulcro nos genocídios, ataques terroristas, extermínios de vidas humanas, "limpezas étnicas", portanto, emergiu a necessidade da afirmação do direito a paz.

Esta, última, dimensão não são todos os doutrinadores que concordam com ela, contudo, segunda a doutrina do Prof. Zulmar Fachin, qual partilhamos entendimento. O direito a água potável, é direito fundamental de sexta dimensão, direito, este, essencial à existência humana.

Enfim, postas às dimensões dos direitos fundamentais, iremos, ao ápice central deste capítulo: o acesso à internet como direito fundamental.

Deste modo, partilhamos do entendimento, do doutrinador Prof. Ingo Sarlet, quanto à abertura do dispositivo constitucional brasileiro, Art. 5º, §2º. Reconhecendo a existência de direitos que, apesar de não estarem expressos na Carta Magna, são materialmente fundamentais, sendo necessária, apenas certa redelimitação, pois decorrem de princípios fundamentais. Para isto, explica o Prof. Pérez Luño:

> Un conjunto de facultades y instituciones que, em cada momiento histórico, concretan las exigencias de la dignidade, la libertad y la igualdad humanas, las cuales deben ser reconocidas positivamente por los ordenamentos jurídicos a nível nacional y internacional. (PÉREZ, Luño, Antonio Henrique; 1995, p.45).

A internet estabelece conexão em diversos pontos com os direitos fundamentais. Com isto, temos a afirmação de Bobbio: "O nascimento de novos carecimentos e, portanto, para novas demandas de liberdade e de poderes." (BOBBIO, Norberto; 2004, p.53).

Bobbio se referia à revolução que a internet proporcionaria as relações sociais e organizações dos indivíduos, considerando que estas situações levariam ao tal nascimento referido na citação acima de sua obra.

Diante disto, pretendemos demonstrar o motivo de considerar o acesso à internet um Direito Fundamental, sob a luz da Constituição Federal. Na Carta Magna, o constituinte preocupou-se em demonstrar um catálogo de normas (Direitos Fundamentais) que garantissem as satisfações básicas da dignidade humana. Gesto, este, que rendeu a Carta o adjetivo de "Constituição Cidadã", garantindo vasto número de direitos sociais. Entretanto, é elementar elucidar que, a sociedade contemporânea é dinâmica, e o direito deve acompanhar este dinamismo, pelo fato de regular as relações sociais.

Tendo em vista, esta dinamicidade, é essencial reconhecer que os Direitos Fundamentais se encontram em processo permanente de formação, conforme os avanços e desenvolvimentos da sociedade.

Destarte, quando se deu a Assembleia Constituinte, originando nossa Constituição Cidadã, a Internet caminhava, a passos curtos, para sua popularização. Entretanto, em 20 anos, a situação mudou drasticamente, ao passo desta reger certas relações sociais.

Se enfatiza, neste capítulo, a real necessidade de acesso à rede mundial de computadores pelo homem no Brasil. E, o reconhecimento desta necessidade como direito fundamental, se estabiliza na abertura do catálogo dos direitos fundamentais, preceituais no dispositivo da Constituição Federal de 1988. Este novo direito preenche os requisitos de um direito material fundamental, tarefa extremamente rigorosa, pois se faz legitimar o argumento que se sustenta. Para fundamentar, de forma mais adequada, vamos à expressa relevância do acesso à internet para o indivíduo. Esta relevância se faz presente nos direitos de defesa, como também, nos direitos a prestações, intrinsicamente associados ao intercâmbio da informação e comunicação entre os seres humanos. A internet detém o poder de disseminar em questão de minutos, uma ideia, seja ela verdadeira ou degradante, a milhões de indivíduos ao redor do mundo, isto demonstra a acessibilidade ao direito à informação, direito fundamental de quarta dimensão, conforme vimos elucidada na doutrina constitucional. A alternativa mais propícia a potencialização do direito à informação é a total abrangência deste tema ser pacificado como Direito Fundamental. Contudo, veja bem, o direito ao acesso a internet não se limita apenas ao acesso a informação.

Por fim, ressalta-se que a internet é ferramenta essencial para a prestação jurisdicional e também para autoadministração de setores do Estado, após seu advento, toda estrutura organizacional, por hora sistematizada, foi construída em cima desta base, a internet. Dessa forma, demonstrado que a Internet potencializa Direitos Fundamentais e, ao longo do tempo, se tornou uma ferramenta essencial para o desenvolvimento humano, considerando o avanço tecnológico das próximas gerações. Tem substância bem definida, guardando similaridade com os Direitos Fundamentais, é equivalente aos direitos formalmente, elencados, como fundamentais, e de fato perscrutam esta importância.

A essência do acesso à internet percorre muito proximamente das exigências dos princípios fundamentais de cidadania e dignidade humana, tendo em vista todo o vapor industrial que vivemos nos últimos séculos, avanços tecnológicos imensuráveis. Portanto, trata-se, de um direito formalmente fundamental, alinhando-se ao disposto no artigo 5º, §2º, da Constituição Federal, vide:

> Os direitos e garantias expressos nesta Constituição não excluem outros decorrentes do regime e dos princípios por ela adotados, ou dos tratados internacionais em que a República Federativa do Brasil seja parte.

Também conceitua Pérez Luño:

> De ahí la hermenêutica constitucional no deba quedarse en la razón instrumental o en la voluntad subjetiva del constituyente, sino que debe indagar todas las possibilidades que de uma interpratácion racional y sistemática puedan desprenderse del texto. (PÉREZ, Luño; 1995, p.365).

Conforme a classificação adotada pelo Prof. Ingo Sarlet caracteriza-se um direito de defesa. O direito ao acesso à internet representa uma garantia do indivíduo de respeito a sua esfera particular, viabilizando a identificação dos dados pessoais que o rodeiam, decorrente de direito fundamental a proteção de dados pessoais ou direito a liberdade informática. Contudo, também, adjetiva-se direito contra o Estado e particular, uma vez que efetiva o direito a liberdade de expressão e com o acesso a publicidade dos atos administrativos, permite de certa maneira um controle sobre a atuação do mesmo, uma garantia contra o Estado.

O direito fundamental ao acesso à internet funciona, primeiramente, como uma diretriz de proibição para o Estado e particular, no sentido de proibi-los de restringir o acesso de um indivíduo à Internet. O acesso deve ser livre, sem censuras.

Importante, ressaltar que, para as pessoas com dificuldades econômicas, sem condições de ter o acesso a internet, o Estado, teria que elaborar, com o reconhecimento deste direito como garantia fundamental, políticas públicas de inclusão digital, a eficácia do direito estabelece a obrigação do Estado de incluir essa questão nas políticas públicas de educação.

Principiando o fim deste capítulo, resta necessário, constar que a ONU – Organização das Nações Unidas pronunciou-se em 03/06/2011, a favor do direito ao acesso a internet, invocando que este é um direito humano, logo fundamental, e que desconectar a população da web viola esta política. Salienta-se, que consta no anexo a resolução original.

3.
TRIBUTAÇÃO DOS PROVEDORES DE INTERNET

Com a iminente necessidade de gerar receitas, para investir nos segmentos socioeconômicos fundamentais para organização da coletividade, o Estado, usufruindo de seu poder coercitivo, poderá instituir tributos, objetivando gerar efetividade a esta receita, tornando possível estes investimentos.

Contudo, é de suma importância, salientar que, por se tratar de poder coercitivo, as exigências tributárias não poderão sujeitar-se apenas à discricionariedade da Administração Pública. Portanto, é a lei que vincula o tributo a suas regras. Disposto no Código Tributário Nacional:

Tributo é toda prestação pecuniária compulsória, em moeda ou cujo valor nela se possa exprimir, que não constitua sanção a ato ilícito, instituída em lei e cobrada mediante atividade administrativa plenamente vinculada. (Art. 3º, CTN).

Ou seja, os servidores públicos, responsáveis pela cobrança de impostos, taxas e contribuições, dependem de observar atividade vinculada à lei. A formalidade e o momento de fazer estas cobranças também são regulamentas por dispositivo normativo.

Pois bem, expostas estas informações, abordaremos especialmente a tributação dos provedores de internet.

Com o ingresso fenomenal da internet na sociedade contemporânea, sua tributação ganhou enfoque. Muitos governos tentam aumentar a receita fiscal, e a atividade econômica da internet se tornou uma das principais possibilidades de potencializar esta receita. Com isto, obtemos diversas polêmicas atinentes ao tema, até mesmo nas Cortes Superiores da nação, com decisões divergentes.

Atualmente, a tributação dos provedores de internet, tem gerado polêmica no Poder Judiciário, esta tributação tem sido objeto de intensas discussões jurídico-tributárias. Há aqueles que sustentam a tese de ser a atividade um serviço de comunicação (SCM), que atrairia a incidência do ICMS nos termos do art. 155, II da Constituição Federal de 1988, e do artigo 2º, III da Lei Complementar nº87/96 e, outros que defendem que é serviço de valor adicionado (SVA), serviço acessório ao de telecomunicações.

Para explicar melhor este cenário, primeiramente, elucidaremos o que se entende por serviço de comunicação multimídia (SCM) e serviço de valor adicionado (SVA), após, faremos uma breve abordagem aos impostos ICMS, ISSQN (agora ISS), bem como sobre alguns princípios tributários e, ao final deste bloco tributário, perscrutarei uma proposta de possível incentivo fiscal aos provedores de internet, considerando a efetivação do acesso à internet como direito fundamental.

3.1. O que é SCM?

A sigla SCM (Serviço de Comunicação Multimídia) é um serviço fixo de telecomunicações de interesse coletivo, prestado em âmbito nacional e internacional, no regime privado, que possibilita a oferta de capacidade de transmissão, emissão e recepção de informações multimídia, permitindo inclusive o provimento de conexão à internet, utilizando quaisquer meios, a Assinantes dentro de uma Área de Prestação de Serviço. No SCM, na esfera estadual o fisco determinar a incidência do ICMS sobre o serviço.

3.2. O que é SVA?

Seguindo a definição da ANATEL, a sigla SVA - Serviço de Valor Agregado, significa e acopla toda prestação de serviço que for auxiliar a de telecomunicações. O serviço de conexão à internet é o SVA mais conhecido, prestado pelos provedores. É interligado a outro serviço de telecomunicações, ou seja, não é o serviço de telecomunicações, é outro que se atrela a telecomunicação. Na Lei Complementar 116/2003, que regulamenta a cobrança de ISS, o SVA não aparece, ou seja, não se aplica a este serviço, então sobre SVA não incide o ISS na esfera municipal.

3.3. Conceito de ICMS

Seguiremos com uma breve conceituação do que é ICMS. É um Imposto sobre Circulação de Mercadorias e Serviços (ICMS), tem uma vasta gama de características delineadas ela Constituição Federal. Ele é não cumulativo, ou seja, em regime de compensação entre créditos e débitos resultantes das operações relativas à circulação de mercadorias ou prestação de serviços. É seletivo, variação de alíquotas de acordo com a especialidade da mercadoria ou serviço. O Senado Federal que fixa as alíquotas nas relações interestaduais e, fica facultativo a este, nas relações de dentro de um mesmo Estado, relações internas.

3.4. Conceito de ISSQN (ISS)

Da mesma forma, do ICMS, abordaremos um breve conceito sobre o que é ISSQN. O Imposto sobre Serviços (ISS), também conhecido como Imposto sobre Serviços de Qualquer Natureza (ISSQN), a Constituição Federal limita-se a informar algumas características que necessariamente devem ser veiculadas por Lei Complementar. Portanto, cabe a Lei Complementar fixar a alíquota máxima e mínima, veio a LC 116/03, no entanto, limitou-se a fixar a máxima em 5% e nada ficou definido sobre a mínima. Não há incidência do ISS sobre serviços destinados ao exterior, ressalta-se que não se trata de imunidade e sim de isenção. E, por fim, as isenções os incentivos e benefícios fiscais devem ser regulados todos por Lei Complementar.

A carga tributária incidente sobre os serviços de telecomunicações é transcendente, tendo em vista as elevadas alíquotas de ICMS, que são aplicadas àquelas empresas não enquadradas no Simples Nacional; (Lucro Real ou Lucro Presumido).

Objetivando a redução desta carga tributária, existem vários debates, analisando especificamente os serviços de internet. Resultantes destes debates surgiram diversas modalidades de divisão de serviços/receitas visando à redução da carga tributária.

Veja os exemplos abaixo:

a) Em relação à mensalidade de internet; emergiu-se a ideia de faturar parte do assinante como serviço de comunicação multimídia (SCM) e parte como locação de equipamentos.

b) Ou, também, faturar do assinante parte como serviço de comunicação e multimídia (SCM) e parte como serviço de suporte.

Entretanto, a modalidade mais usual é cobrar e faturar do assinante parte como serviços de comunicação multimídia (SCM) e parte como serviços de acesso à internet, serviço de valor adicionado (SVA), pois `a luz do amparo normativo, esta produz mais efeitos e legalidade, até mesmo a ANATEL, expõe seu entendimento em face favorável a este modo de cobrança e fatura. Conforme o Informe nº 224, de 31/03/2006, expedido pela ANATEL:

> (...) Para prestar o acesso à internet em Banda Larga, a despeito de tecnologia utilizada (xDSL, HF CATV, etc), são

necessários dois serviços: um serviço de telecomunicações provido pelas prestadoras de serviços de telecomunicações através das autorizações a elas conferidas pela ANATEL, e o serviço de conexão à internet, que é um serviço de valor adicionado prestado pelos provedores de internet. O serviço de telecomunicações constitui o suporte provido pelas redes de telecomunicações para viabilização do serviço de conexão à internet, que proporciona a troca de informações entre os equipamentos de usuários conectados à internet, serviço regulamentarmente enquadrado como serviço de valor adicionado, nos termos do art. 3º da Norma 04/95.

A própria ANATEL reconhece a natureza jurídica dos serviços de acesso à internet, qual seja espécie dos serviços de valor adicionado (SVA). Bem como, reconhece que os serviços de valor adicionado não se confundem com qualquer modalidade dos serviços de telecomunicações. Conforme disposto no Ofício nº 10/2009/PVSTR-ANATEL:

> (...) Não bastasse ser clara a conceituação do serviço de conexão à internet como um serviço de valor adicionado, pelas definições do próprio serviço de valor adicionado e pela descrição das atividades que constituem o serviço de conexão à internet, a própria legislação conceitua o serviço de conexão à internet como um serviço de valor adicionado. Ainda faz-se mister ressaltar que

além da legislação determinar que o serviço de conexão à internet é um serviço de valor adicionado, também determina claramente que o serviço de valor adicionado não é um serviço de telecomunicações, conforme dispõe o §1º do art 61 da Lei Geral de Telecomunicações (...)

Enfatizando, a própria Lei Geral de Telecomunicações (Lei nº 9.472/97) reconhece que os serviços de valor adicionado não constituem serviços de telecomunicações.

Há uma vasta gama de precedentes sobre o tema, todos no sentido de declarar a não incidência do ICMS e do ISSQN sobre os serviços de acesso à internet.

Como por exemplo, em relação ao ISSQN, veja a decisão abaixo do Superior Tribunal de Justiça (RESP nº 674.188/PR, da 1º turma do STJ):

> RECURSO ESPECIAL DO ESTADO DO PARANÁ. TRIBUTÁRIO. ICMS. PROVEDORES DE ACESSO À INTERNET. NÃO-INCIDÊNCIA. SÚMULA334/STJ. RECURSO DESPROVIDO (STJ - REsp: 674188 PR 2004/0079778-5, Relator: Ministra DENISE ARRUDA, Data de Julgamento: 25/03/2008, T1 - PRIMEIRA TURMA, Data de Publicação: --> DJe 04/08/2008 p. 1REPDJe 10/09/2008 p.)

Quanto ao ICMS, já existe súmula do Superior Tribunal de Justiça declarando a não incidência do ICMS sobre os serviços de conexão à internet. Conforme dispõe abaixo: O ICMS não incide no serviço dos provedores de acesso à internet." (Súmula 334 STJ – Superior Tribunal de Justiça).

Ressalta-se que o Fisco Estadual combate veemente qualquer tipo de divisão de serviços/receitas. Segundo o entendimento do Fisco Estadual, os serviços de internet devem ser cobrados 100% como serviços de telecomunicações, sendo assim os serviços de internet, também são tributados em 100% a título de ICMS.

Vale lembrar que, o acesso à internet consiste na realização do processo de autenticação, com o fornecimento do endereço IP aos usuários.

Em outra decisão, EREsp 456.650, tivemos mais uma vez o entendimento da corte de que o ICMS não incide nos serviço dos provedores de internet. Veja abaixo:

EMBARGOS DE DIVERGÊNCIA. RECURSO ESPECIAL. TRIBUTÁRIO. SERVIÇO PRESTADO PELOS PROVEDORES DE ACESSO À INTERNET. ARTIGOS 155, II, DA CONSTITUIÇÃO FEDERAL, E 2º, II, DA LC N. 87/96. SERVIÇO DE VALOR ADICIONADO.

ARTIGO 61 DA LEI N. 9.472/97 (LEI GERAL DE TELECOMUNICAÇÕES). NORMA N. 004/95 DO MINISTÉRIO DAS COMUNICAÇÕES. PROPOSTA DE REGULAMENTO PARA O USO DE SERVIÇOS E REDES DE TELECOMUNICAÇÕES NO ACESSO A SERVIÇOS INTERNET, DA ANATEL. ARTIGO 21, XI, DA CONSTITUIÇÃO FEDERAL. NÃO-INCIDÊNCIA DE ICMS.(STJ - EREsp: 456650 PR 2003/0223462-0, Relator: Ministro JOSÉ DELGADO, Data de Julgamento: 11/05/2005, S1 - PRIMEIRA SEÇÃO, Data de Publicação: DJ 20/03/2006 p. 181)

Ainda, em mais uma decisão, o Ministro Humberto Gomes de Barros destacou, no julgamento do REsp 402.047, que não incide o imposto sobre os valores cobrados a título de acesso, adesão, ativação, habilitação, disponibilidade, assinatura, e utilização de serviços, bem como aqueles relativos a serviços suplementares e facilidades que otimizam o processo de comunicação. Segue abaixo a ementa:

> TRIBUTÁRIO. RECURSO ESPECIAL. ICMS. SERVIÇOS SUPLEMENTARES AO SERVIÇO DE COMUNICAÇÃO. ATIVIDADE-MEIO. NÃO INCIDÊNCIA. PRECEDENTES JURISPRUDENCIAIS. (STJ - REsp: 760230 MG 2005/0101355-1, Relator: Ministro LUIZ FUX, Data de Julgamento: 27/05/2009, T1 - PRIMEIRA

TURMA, Data de Publicação: --> DJe 01/07/2009)

Grande parte da doutrina defende a tese de que o provedor de acesso à internet apenas agrega a um serviço de telecomunicações preexistente, e que o provedor não é contribuinte de ICMS, pois em sua atividade limita-se a fornecer meios para a comunicação com a Internet.

Neste sentido conceitua Paulo de Barros Carvalho:

> (...) mecanismos adequados ao trato do armazenamento, movimentação e recuperação de informações (...)".
> (CARVALHO, Paulo de Barros. Não-incidência do ICMS na Atividade dos Provedores de Acesso à Internet; Direito Tributário das Telecomunicações, 2004, p.494).

Também, conceitua Roque Antônio Carazza:

> "I - (...) O que se tributa, no caso, por meio do ICMS-comunicação é, tão-somente, a prestação do serviço telefônico lato sensu que viabiliza a utilização da Internet.
> II – É que o provedor de acesso não presta o serviço de comunicação de que aqui se cogita, mas apenas viabiliza o acesso à internet, via um canal aberto (p. ex., a linha telefônica). Dito de outro modo, fornece

condições materiais para um usuário ingressar no ambiente da internet". (CARAZZA, Roque Antônio; ICMS, 2002, p. 183).

4. BENEFÍCIO FISCAL PARA MELHOR EFETIVAÇÃO DE DIREITO FUNDAMENTAL

Como vimos, ao longo deste trabalho, o acesso à internet é fundamental para sociedade contemporâneo, sendo muitas vezes, uma forma primordial de acesso a algumas faces do Estado. Sendo assim, o Estado poderia promover incentivo ou até mesmo benefícios fiscais para provedores de internet potencializarem este acesso aos cidadãos que não tem condições de ter um computador e muito menos acesso a internet em suas casas.

Faz-se necessário o estudo, para criação de um ambiente de inclusão digital, para inserirmos, estes indivíduos que não tem acesso à internet, no meio cibernético também, propiciando um fomento na economia, no desenvolvimento individual e até mesmo nas relações sociais destes.

O Estado propiciar esta inclusão, aos cidadãos mais necessitados, é uma forma de garantia de direito humano, de preceito fundamental, de direito fundamental, pois mesmo não tendo enquadramento, ainda, na seara doutrinária, o acesso à internet, já foi reconhecido pela ONU, conforme vimos, como Direito Humano, e este acesso potencializa outros Direitos Fundamentais expressos na Constituição, tais como o direito a informação, a saúde, a prestação jurisdicional e etc.

Uma possibilidade seria a diminuição da porcentagem das alíquotas cobradas dos serviços de comunicação multimídia (SCM), e com o percentual que fosse diminuído, os prestadores deste serviço se comprometeriam com o próprio Estado em auxiliar na garantia do acesso à internet por todos os cidadãos brasileiros, ao longo do território nacional.

Enfim, é algo interessante e pertinente, este estudo para o Estado incentivar os pequenos provedores de internet e, até mesmo, os grandes para estes, em uma forma de auxílio ao Estado, efetivarem este Direito Fundamental, o acesso à internet.

Estes benefícios fiscais trariam maior desenvolvimento humano, econômico para a sociedade brasileira contemporânea.

Yagho Prenzler

5. CONSIDERAÇÕES FINAIS

O presente trabalho traz em seu título o estudo sobre a viabilidade de reconhecer o acesso à internet como um Direito Fundamental e, essencialmente, o fervor das discussões jurídico-tributárias, acerca da tributação dos provedores de internet. O propósito, de fato, é expor algumas argumentações e aprofundar o assunto acerca do acesso à internet ser reconhecido e enquadrado em uma nova dimensão de direito fundamental, mas principalmente, o aprofundamento no âmbito tributário dos provedores de internet, pois o tema está sempre em pauta nos tribunais.

Primordialmente, foi exposto um breve histórico sobre a história da internet, bem como seu impacto fulminante e revolucionador na sociedade contemporânea, após isto, adentramos na questão constitucional do reconhecimento do acesso à internet como Direito Fundamental e sua caracterização a alguma dimensão de direitos fundamentais ou, até mesmo, a criação de uma nova dimensão de direitos fundamentais. Vimos com que por analogia é direito fundamental de fato, pois potencializa outros direitos fundamentais e tem essência e forma de direito fundamental, ganhou fundamentação e forca com o recente reconhecimento da ONU, elevando o acesso á internet ao rol dos Direitos Humanos.

Em seguida, no âmbito tributário da pesquisa, perscrutamos na tributação dos provedores de internet, principalmente na polêmica do SVA x SCM, e vimos que o serviço de acesso à internet é um serviço de valor agregado (SVA), reconhecido pela ANATEL também desta maneira. E abordamos, também, a não incidência do ICMS na atividade dos provedores de internet, sustentando esta tese com decisões jurisprudências e doutrina.

Elucidamos de forma sucinta e breve o que é ICMS, ISS/ISSQN. E, de certa maneira, podemos pensar em uma forma de o Estado promover benefícios fiscais para os provedores de internet intensificar seu serviço e assim ajudarem a população que não tem condição de ter o acesso à internet. Uma forma de inclusão social, o benefício fiscal como uma forma de inclusão social.

Enfim, nos dias atuais, a internet se tornou um bem de uso essencial para o desenvolvimento das próximas gerações, e seu enquadramento como direito fundamental, obedece à ótica de que o direito acompanha a dinamização da sociedade. A questão tributária do tema é de extrema relevância, pois como foi abordado, caso, ocorra um incentivo fiscal aos provedores, teremos um maior número de cidadãos com acesso à internet, o que resultaria em um maior desenvolvimento político, econômico e humano de toda uma nação.

Yagho Prenzler

REFERÊNCIAS

BOBBIO, Norberto. **A Era dos Direitos.** 11ª ed. Rio de Janeiro: Campus, 1992.

BONAVIDES, Paulo. **Curso de Direito Constitucional.** 13ª ed. São Paulo: Malheiros, 2003.

CARAZZA, Roque Antonio. **Curso de Direito Constitucional Tributário.** 27º ed. São Paulo: Malheiros, 2010.

CARVALHO, Paulo de Barros. **Curso de Direito Tributário.** 26º ed. São Paulo: Saraiva, 2014.

CASSONE, Vittori; CASSONE, Maria Eugenia Teixeira. **Processo Tributário – Teoria e Prática.** 5º ed. São Paulo: Atlas, 2004.

Coleção de Bolso. **ANATEL.** 1º ed. São Paulo: Lex Magister, 2013.

Constituição da República Federativa do Brasil de 1988.

FACHIN, Zulmar. **Curso de Direito Constitucional.** 7º ed. Rio de Janeiro: Forense, 2015.

KURBALIJA, Jovan. **Uma introdução à Governança da Internet.** 1º ed. São Paulo: Comitê Gestor da Internet no Brasil, 2016.

Lei nº 5.172, de 25 de outubro de 1966, Código Nacional Tributário.

PÉREZ LUÑO, Antonio Enrique. **¿Ciberciudadanía o ciudadania.com?**. 1º ed. Barcelona: Gedisa, 2004.

Revista ISP+. Ano III.7º ed. São Paulo.

ROTHENBURG, Walter. **Direito Constitucional**. 1º ed. São Paulo: Verbatim, 2010.

SABBAG, Eduardo. **Manual de Direito Tributário**. 7º ed. São Paulo: Saraiva, 2015.

SARLET, Ingo Wolfgang. **A eficácia dos direitos fundamentais**. 6ª ed. Porto Alegre: Livraria do Advogado, 2006.

SOBRE O AUTOR

Yagho Prenzler. Advogado Sócio-Fundador da Prenzler Advogados. Especialista em Processo Civil e Direito Civil pelo IDCC – Instituto de Direito Constitucional e Cidadania. Pós-graduando em Direito Tributário pelo EBRADI – Escola Brasileira de Direito em parceria com a OAB/SP – Ordem dos Advogados do Brasil, subseção São Paulo e ESA – Escola Superior da Advocacia. Membro da Comissão de Direito Agrário e Agronegócio da OAB/PR, subseção Londrina/PR. Membro do Grupo de Pesquisa em Processo Civil do IDCC – Instituto de Direito Constitucional e Cidadania. Secretário Acadêmico do IDCC – Instituto de Direito Constitucional e Cidadania.

Fale com o autor: yagho@prenzleradvogados.com

Yagho Prenzler

www.ingramcontent.com/pod-product-compliance
Lightning Source LLC
Chambersburg PA
CBHW030735180526
45157CB00008BA/3171